AF248263

LETTRES

DE HENRI SAINT - SIMON

A MESSIEURS LES JURÉS

QUI DOIVENT PRONONCER SUR L'ACCUSATION

INTENTÉE CONTRE LUI.

PRIX : 1 franc.

A PARIS,

Chez CORRÉARD et PÉLICIER, LIBRAIRES,
AU PALAIS ROYAL.

Mars 1820.

LETTRES

DE HENRI SAINT - SIMON

A MESSIEURS LES JURÉS

QUI DOIVENT PRONONCER SUR L'ACCUSATION INTENTÉE CONTRE LUI.

PRIX : 1 franc.

A PARIS,

Chez CORRÉARD et PÉLICIER, LIBRAIRES,
AU PALAIS ROYAL.

Mars 1820.

LETTRES

DE HENRI SAINT - SIMON

A MESSIEURS LES JURÉS

QUI DOIVENT PRONONCER SUR L'ACCUSATION INTENTÉE CONTRE LUI (1).

~~~~~~~~~

MESSIEURS,

Monsieur le procureur du roi m'a traduit devant vous, pour avoir inséré dans la première livraison de *l'Organisateur* le passage suivant :

Nous supposons que la France perde subitement ses cinquante premiers physiciens, ses cinquante premiers chimistes, ses cinquante premiers physiologistes, ses cinquante premiers mathématiciens, ses cinquante premiers

---

(1) Ce procès doit être jugé le 20 de ce mois.

I
~~~~~~~~~

poètes, ses cinquante premiers peintres, ses cinquante premiers sculpteurs, ses cinquante premiers musiciens, ses cinquante premiers littérateurs (1);

Ses cinquante premiers mécaniciens, ses cinquante premiers ingénieurs civils et militaires, ses cinquante premiers artilleurs, ses cinquante premiers architectes, ses cinquante premiers médecins, ses cinquante premiers chirurgiens, ses cinquante premiers pharmaciens, ses cinquante premiers marins, ses cinquante premiers horlogers;

Ses cinquante premiers banquiers, ses deux cents premiers négociants, ses six cents premiers cultivateurs, ses cinquante premiers

---

(1) Plusieurs personnes m'ont conseillé de supprimer le surplus de la nomenclature des différentes classes d'industriels. Je n'ai pas voulu faire cette suppression, parce que je désire constater l'importance que toutes les classes d'industriels ont à mes yeux, et doivent avoir aux yeux de toute la nation; mais le lecteur que cette nomenclature ennuiera, peut se dispenser de lire cette énumération, et sauter deux alinéa, sans que cela nuise à la suite des idées.

maîtres de forges, ses cinquante premiers fabricants d'armes, ses cinquante premiers tanneurs, ses cinquante premiers teinturiers, ses cinquante premiers mineurs, ses cinquante premiers fabricants de draps, ses cinquante premiers fabricants de coton, ses cinquante premiers fabricants de soieries, ses cinquante premiers fabricants de toile, ses cinquante premiers fabricants de quincaillerie, ses cinquante premiers fabricants de faïence et de porcelaine, ses cinquante premiers fabricants de cristaux et de verrerie, ses cinquante premiers armateurs, ses cinquante premières maisons de roulage, ses cinquante premiers imprimeurs, ses cinquante premiers graveurs, ses cinquante premiers orfèvres et autres travailleurs de métaux;

Ses cinquante premiers maçons, ses cinquante premiers charpentiers, ses cinquante premiers menuisiers, ses cinquante premiers maréchaux, ses cinquante premiers serruriers, ses cinquante premiers couteliers, ses cinquante premiers fondeurs, et les cent autres personnes de divers états non désignés, les plus capables dans les sciences, dans les beaux-arts et dans les arts et métiers, faisant

en tout les trois mille premiers savants , artistes et artisans de France (1).

Comme ces hommes sont les Français les
plus essentiellement producteurs , ceux qui
donnent les produits les plus importants, ceux
qui dirigent les travaux les plus utiles à la
nation, et qui la rendent productive dans les
sciences , dans les beaux-arts et dans les arts
et métiers , ils sont réellement la fleur de la
société française; ils sont de tous les Français les plus utiles à leur pays, ceux qui lui
procurent le plus de gloire , qui hâtent le
plus sa civilisation ainsi que sa prospérité :
la nation deviendrait un corps sans ame , à
l'instant où elle les perdrait; elle tomberait
immédiatement dans un état d'infériorité
vis-à-vis des nations dont elle est aujourd'hui
la rivale , et elle continuerait à rester subal-

-----

(1) On ne désigne ordinairement par artisans que les
simples ouvriers; pour éviter les circonlocutions, nous en-
tendons par cette expression tous ceux qui s'occupent de
produits matériels, savoir : les cultivateurs, les fabricants,
les commerçants, les banquiers, et tous les commis ou ouvriers qu'ils emploient.

terne à leur égard tant qu'elle n'aurait pas réparé cette perte, tant qu'il ne lui aurait pas repoussé une tête. Il faudrait à la France au moins une génération entière pour réparer ce malheur ; car les hommes qui se distinguent dans les travaux d'une utilité positive, sont de véritables anomalies, et la nature n'est pas prodigue d'anomalies, surtout de celles de cette espèce.

Passons à une autre supposition. Admettons que la France conserve tous les hommes de génie qu'elle possède dans les sciences, dans les beaux-arts et dans les arts et métiers, mais qu'elle ait le malheur de perdre le même jour MONSIEUR, frère du Roi, Monseigneur le duc d'Angoulême, Monseigneur le duc d'Orléans, Monseigneur le duc de Bourbon, Madame la duchesse d'Angoulême, Madame la duchesse de Berry, Madame la duchesse d'Orléans, Madame la duchesse de Bourbon, et Mademoiselle de Condé.

Qu'elle perde en même temps tous les grands-officiers de la Couronne, tous les ministres d'État (avec ou sans département), tous les conseillers d'État, tous les maîtres de requêtes, tous ses maréchaux, tous ses cardinaux, archevêques, évêques, grands-vicaires et chanoines, tous les préfets et les sous-préfets, tous les employés dans les ministères, tous les juges, et, en sus de cela, les dix mille propriétaires les plus riches parmi ceux qui vivent noblement.

Cet accident affligerait certainement les Français, parce qu'ils sont bons, parce qu'ils ne sauraient voir avec indifférence la disparition subite d'un aussi grand nombre de leurs compatriotes. Mais cette perte des trente mille individus réputés les plus importants de l'État, ne leur causerait de chagrin que sous un rapport purement sentimental, car il n'en résulterait aucun mal politique pour l'État.

D'abord, par la raison qu'il serait très facile de remplir les places qui seraient devenues vacantes, il existe un grand nombre de Français en état d'exercer les fonctions de frère du Roi aussi bien que MONSIEUR; beaucoup sont capables d'occuper les places de princes tout aussi convenablement que Monseigneur le duc d'Angoulême, que Monseigneur le duc d'Orléans, que Monseigneur le duc de Bourbon; beaucoup de Françaises seraient aussi bonnes princes-

(7)

ses que Madame la duchesse d'Angoulême, que Madame la duchesse de Berry,
que Mesdames d'Orléans, de Bourbon et de
Condé.

Les antichambres du château sont pleines
de courtisans prêts à occuper les places de
grands-officiers de la couronne ; l'armée possède une grande quantité de militaires aussi
bons capitaines que nos maréchaux actuels.
Que de commis valent nos ministres-d'état ?
Que d'administrateurs plus en état de bien
gérer les affaires des départements que les
préfets et les sous-préfets présentement en
activité ? Que d'avocats aussi bons juriscon-
sultes que nos juges ? Que de curés aussi capables que nos cardinaux, que nos archevêques, que nos évêques, que nos grands-
vicaires et que nos chanoines ? Quant aux
dix mille propriétaires vivant noblement,
leurs héritiers n'auraient besoin d'aucun ap-
prentissage pour faire les honneurs de leurs
salons aussi bien qu'eux.

La prospérité de la France ne peut avoir
lieu que par l'effet et en résultat des progrès
des sciences, des beaux-arts, et des arts et
métiers : or, les princes, les grands-officiers

de la Couronne, les évêques, les maréchaux de France, les préfets et les propriétaires oisifs ne travaillent point directement aux progrès des sciences, des beaux-arts et des arts et métiers ; loin d'y contribuer, ils ne peuvent qu'y nuire, puisqu'ils s'efforcent de prolonger la prépondérance exercée jusqu'à ce jour par les théories conjecturales sur les connaissances positives ; ils nuisent nécessairement à la prospérité de la nation, en privant, comme ils le font, les savants, les artistes et les artisans, du premier degré de considération qui leur appartient légitimement ; ils y nuisent, puisqu'ils emploient leurs moyens pécuniaires d'une manière qui n'est pas directement utile aux sciences, aux beaux-arts, et aux arts et métiers ; ils y nuisent, puisqu'ils prélèvent annuellement sur les impôts payés par la nation, une somme de trois à quatre cents millions sous le titre d'appointements, de pensions, de gratifications, d'indemnités, etc., pour le paiement de leurs travaux qui lui sont inutiles.

Ces suppositions mettent en évidence le fait le plus important de la politique actuelle ; elles placent à un point de vue d'où l'on dé-

couvre ce fait dans toute son étendue et d'un seul coup-d'œil. . . . .

M. le procureur du Roi m'accuse sur ce passage d'avoir manqué de respect aux princes de la famille royale.

La citation qui sert de base à cette inculpation vous est présentée par M. le procureur du Roi, isolément de tout ce qui la précède et de tout ce qui la suit. Ce n'est point ainsi que vous la jugerez, Messieurs ; votre impartialité m'en est garant. Car cette assertion n'étant qu'un cas très-particulier d'une assertion extrêmement générale, c'est sur celle-ci, telle qu'elle est développée dans mon ouvrage, que vous fixerez toute votre attention pour examiner ma culpabilité.

L'observation que j'ai exposée ne porte pas exclusivement sur les princes de la famille royale, et même elle ne les concerne que d'une manière fort accessoire et fort indirecte. Elle embrasse la totalité des membres du gouvernement, et c'est contre le mode d'administration des affaires publiques qu'elle est essentiellement dirigée.

J'ai dit que la société est actuellement coordonnée d'après deux systèmes d'orga-

nisation absolument opposés, l'un qui gou-
verne les affaires générales, l'autre qui dirige
tous les travaux particuliers. En partant de
ce fait incontestable, j'ai comparé, sous le
rapport de la capacité, de la moralité et de
l'utilité sociale, les fonctionnaires publics
qui sont les chefs de l'ancien système, et nos
premiers savants, nos premiers artistes, et
nos premiers industriels qui sont les chefs du
nouveau.

A l'aide d'une double supposition, j'ai mis
en évidence l'immense supériorité morale de
ces derniers sur les premiers. Considérant
ensuite l'état présent de la société, j'ai fait
voir combien il est monstrueux que la dis-
tribution de la considération et du pouvoir
social soit absolument au rebours de cet ordre
positif des supériorités.

Je vous le demande, Messieurs, en faisant
cette observation générale, était-il en mon
pouvoir de garder le silence sur la famille
royale, qui se trouve à la tête de l'ancien
système politique(1)? Pouvais-je ne pas la com-

---

(1) La famille royale est considérée par tout le monde,
et elle-même se considère comme étant à la tête de l'ancien

prendre dans une comparaison qui portait sur l'ensemble de ce système? Si je m'en fusse abstenu, quel est le lecteur qui n'aurait pas suppléé à une omission aussi maladroite, et j'ose dire aussi ridicule.

Ainsi, Messieurs, si je suis coupable d'un manque de respect, ce n'est point certainement envers les princes de la famille royale, c'est envers tout le système politique actuel. Si j'ai commis un délit, c'est celui d'avoir prouvé que le mode d'administration des affaires publiques est très en arrière de l'état présent des lumières, et d'avoir indiqué dans quelle direction il faudrait marcher pour établir un meilleur ordre social.

Ce délit, Messieurs, si toutefois cela en est un, je l'ai considérablement aggravé

---

système politique : c'est pour ce motif que j'ai dû en parler dans ce sens. Mais, de fait, la famille royale peut aisément, et aussitôt qu'elle le voudra avec fermeté, se placer à la tête du système politique nouveau. Il y a plus, c'est le seul moyen de salut pour elle, dans la position dangereuse où l'ont mise les deux aristocraties actuellement existantes, dont elle continue à faire si imprudemment ses alliées.

depuis que M. le procureur du Roi m'a mis en accusation; car j'ai publié depuis cette époque une deuxième livraison de *l'Organisateur*, dans laquelle j'ai prouvé, par des observations historiques, que le système politique, à la tête duquel la famille royale est placée, a toujours perdu de sa force et de son crédit depuis le onzième siècle jusqu'à ce jour. J'ai démontré en même temps, et de la même manière, que, pendant cette période, l'ordre des choses dans lequel la société doit avoir pour directeurs suprêmes de ses affaires générales, les artistes, les savants, et les industriels les plus distingués, s'est successivement constitué dans tous les détails, et que le moment est arrivé où il doit remplacer entièrement, et pour jamais, le système qui l'a précédé.

Tel est donc le véritable délit sur lequel je dois être jugé. La question étant ainsi posée, je ne crains pas de vous avouer, Messieurs, que non seulement je suis très loin de me regarder comme coupable par la publication de ce travail, mais que je crois avoir rendu un grand service à la nation française, et avoir bien mérité de la patrie.

Quoi! le gouvernement lui-même se plaint

tous les jours (et avec raison) qu'il n'y a plus de doctrines, et il s'opposerait aux tentatives faites pour en établir de nouvelles? On veut cesser d'être en révolution, et on interdirait l'examen des questions politiques fondamentales, ce qui est évidemment le seul moyen de conduire à une organisation calme et stable?

M'opposerait-on cette objection misérable, que je n'ai pas mission pour entreprendre cet examen? Mais il est évident, Messieurs, que le législateur réel, de droit comme de fait, n'est pas celui à qui une nation confie le pouvoir de faire des lois, mais bien celui qui trouve la combinaison politique dont elle a besoin. Ce n'est ni le brevet de pair, de ministre ou de conseiller d'état, ni même l'élection de député, qui confère le droit de discuter les principes fondamentaux de l'organisation sociale, ce sont des études convenables, des travaux historiques, spéciaux, et la méditation philosophique.

Vous n'ignorez pas, Messieurs, que les novateurs ont toujours été persécutés; mais la nature de mes juges me rassure pleinement sur le sort qui m'est réservé. Galilée a été accusé pour avoir démontré une vérité nouvelle du premier ordre, parce que cette démonstration tendait à renverser des doctrines alors toutes puissantes, et Galilée a été condamné. Mais Galilée fut jugé par des inquisiteurs, et ce sont mes pairs qui vont décider entre M. le procureur du Roi et moi.

IIe. LETTRE.

Messieurs,

J'ai répondu, dans la lettre précédente, à la partie matérielle de l'accusation intentée contre moi; je vais examiner dans celle-ci la partie morale de cette accusation.

M. Le procureur du Roi a cru que l'*Organisateur* était écrit dans un esprit hostile à l'égard de la maison de Bourbon; il a cru que cet ouvrage pouvait nuire à la famille royale. Telle est certainement la véritable raison qui l'a déterminé à me faire un procès. Or, c'est surtout cette partie de son opinion qui est erronnée, et dont j'ai le plus à cœur de démontrer la fausseté.

Je commencerai, Messieurs, par vous faire ma profession de foi sur la maison de Bourbon.

En résumant la conduite des Bourbons depuis huit siècles qu'ils occupent le trône, je trouve que le trait le plus marquant de leur caractère politique, a été la bonté, c'est-à-dire, une protection spéciale accordée par eux aux communes contre l'aristocratie.

J'ai une conviction si intime de cette vérité, que je suis en état de la démontrer à toute personne qui oserait la nier.

En effet, la France est, de tous les grands pays de l'Europe, celui où la féodalité avait été le plus rabaissée avant la révolution, et c'est incontestablement par les soins des Bourbons qu'elle a été abattue.

Ma profession de foi à l'égard des Bourbons, est, Messieurs, qu'il est très desirable pour la nation française que cette dynastie occupe le trône, tant que la royauté subsistera en France. Cette déclaration, j'ose vous l'affirmer, Messieurs, est franche, nette, et pure de toute arrière-pensée.

Messieurs, aimer les Bourbons et ne pas les secourir dans le danger où ils se trouvent, c'est les aimer fort mal, et ce n'est point là ma manière. J'ai donc cherché comment je pouvais leur être utile ; j'ai étudié leurs rapports avec la nation depuis la naissance de leur dynastie jusqu'à ce jour ; je me suis appliqué à découvrir quelle est la véritable origine des dangers auxquels ils sont exposés aujourd'hui, et par quel moyen ils peuvent recouvrer le calme et la sécurité. Voici le résumé succinct de mes réflexions sur ce sujet.

Depuis Hugues-Capet jusqu'à Louis XIV, tous les Bourbons ont eu pour alliés et pour soutiens leurs fidèles communes. C'est à la tête de ce parti formidable qu'ils ont combattu et terrassé le pouvoir papal, ainsi que le parti des grands féodaux qui osaient tenir tête à la royauté, et traiter avec elle d'égal à égal.

Louis XIV, après avoir commencé par suivre la direction de ses ancêtres, a fini par l'abandonner. Il avait reçu des mains de ses prédécesseurs le plus grand pouvoir royal qui ait jamais été exercé en France; il aurait dû partager avec les communes les conquêtes faites, à l'aide de leur coopération, sur le clergé et sur la noblesse. Au lieu de cela, il s'est occupé d'enrichir de nouveau, et aux dépens des communes, l'ancienne aristocratie militaire et théologique. Il lui a rendu des pouvoirs très étendus, sous la condition, 1°. de la part des nobles et des prêtres, de reconnaître que c'était de lui qu'ils tenaient leur nouvelle existence; 2°. d'en faire à son

2

profit l'usage qu'il lui plairait d'ordonner contre les communes, qu'il s'est mis dès ce moment à traiter comme des vaincus. En un mot, Louis XIV a commis la faute énorme et déplorable de se liguer avec ses ennemis réels contre ses amis véritables.

La fausse direction qu'il a donnée à la royauté, a été suivie par ses successeurs. C'est là ce qui a été la cause véritable de notre crise révolutionnaire, parce que les communes se sont trouvées déçues des espérances légitimes qu'elles avaient dû concevoir, parce qu'elles ont été foulées par la royauté, qui a prolongé à leurs dépens l'existence de l'aristocratie, en lui donnant sur l'impôt un dédommagement aux propriétés et aux droits féodaux qu'elle avait perdus dans la lutte contre la royauté et la nation gauloise réunies.

Enfin, c'est à cette même fausse direction qu'il faut rapporter le principe réel des dangers imminents auxquels la maison de Bourbon est exposée dans ce moment.

Il est nécessaire de compléter l'observation précédente, en remarquant qu'une erreur nouvelle, et dans le même sens, s'est réunie dans l'esprit du roi à celle qu'il avait reçue de ses derniers prédécesseurs.

Une nouvelle aristocratie, l'aristocratie créée par Bonaparte, s'est formée en France pendant l'absence des Bourbons. Le roi, à son retour, a cru devoir aussi accorder sa protection à cette aristocratie.

Tel est donc l'état présent des choses : le roi a lié sa cause à celle de deux aristocraties contre les intérêts des communes, ses alliées naturelles et d'enfance.

Cette combinaison adoptée par les Bourbons, est évidemment fausse, et elle est la cause de tous les malheurs qui sont prêts à fondre sur la dynastie.

Il est nécessaire, il est urgent que les Bourbons ouvrent les yeux sur cette erreur capitale, et qu'ils s'efforcent de la rectifier. Encore un peu de retard, et peut-être il ne sera plus temps.

Il est difficile de décider précisément laquelle des deux aristocraties est le plus ennemie des Bourbons : elles ont des manières différentes de les haïr et de travailler à leur ruine.

Les institutions, de même que les individus, ne changent point de caractère; l'ancienne aristocratie a conservé le sien. Elle cherche à ramener la royauté à son niveau, à faire du roi un *primus inter pares*. Ainsi, elle tend directement à détruire la royauté telle qu'elle a été constituée par le cardinal de Richelieu, en résultat des travaux de ses prédécesseurs.

L'aristocratie de Bonaparte veut expulser les Bourbons, parce qu'elle veut à tout prix un roi sorti de la classe plébéienne. Le Roi a beau combler les nouveaux nobles de places et d'honneurs, il n'a jamais trouvé et il ne trouvera jamais en eux que des ingrats. Malgré le masque hypocrite dont ils se couvrent, haine aux Bourbons est, et sera toujours le premier sentiment de la nouvelle féodalité.

Il est urgent pour les Bourbons de revenir à la combinaison faite et suivie par les fondateurs de leur dynastie. Il est nécessaire qu'ils se liguent de nouveau avec les communes contre les deux aristocraties actuellement existantes.

Par quel moyen le Roi peut-il renouveler son alliance avec les communes, et mettre sur-le-champ en activité les forces de la nation travaillante et morale, contre la double classe dominatrice, fainéante, immorale et consommatrice du produit des travaux faits par les hommes utiles? Voici, Messieurs, quel est ce moyen :

1°. Que le Roi charge son ministère de faire savoir aux artistes et aux savants qui composent l'institut,

Que S. M., desirant donner à la nation l'organisation la plus conforme aux intérêts des communes, qu'il regarde comme la véritable nation française, il les charge de lui faire connaître les dispositions politiques qui seraient le plus agréables et le plus utiles aux Français producteurs.

2°. Que S. M. charge également son ministère de faire savoir à la banque de France, à toutes les chambres de commerce, et au conseil des manufactures, qu'elle desire connaître leurs opinions sur les moyens de diminuer l'impôt sans nuire au service public, et de l'administrer le plus économiquement possible.

Si ces mesures sont prises promptement, j'ose répondre sur ma tête que la royauté sera affermie dans les mains des Bourbons pour tout le temps qu'elle durera en France, et qu'ils pourront l'exercer avec sécurité.

Si ces mesures ne sont pas prises prompte-

ment, j'ose prédire que les Bourbons n'occu-
peront pas le trône de France pendant un an.

J'ai déjà fait une prédiction de ce genre (1)
au mois de novembre 1814 : elle s'est réalisée
bien peu de temps après. Puisse celle que je
fais aujourd'hui, être démentie par les événe-
ments !

---

(1) *Voyez* la brochure ayant pour titre : *De la Réorganisation de la Société européenne*, Chap. V.

IIIe. LETTRE.

———

Messieurs,

Je dois des remercîments à M. le procureur
du Roi, car il m'a rendu un service important
en me traduisant devant vous.

Après quarante ans de travaux, je suis
enfin parvenu à trouver le système politique
qui convient à l'état présent des lumières; je
suis parvenu à découvrir la combinaison d'organisation sociale qui doit se constituer en
remplacement du régime contre lequel la
nation s'est insurgée en 1789 (1). Mais les
moyens pour utiliser cette découverte me-

————————————

(1) *Voyez* l'Histoire de ma vie politique à la fin de cette
lettre.

manquaient entièrement ; je ne savais comment m'y prendre pour fixer l'attention publique sur mon travail. M. le procureur du Roi a levé cette difficulté en me mettant en accusation.

Messieurs, la lutte politique qui existe en France dans ce moment, a lieu entre deux aristocraties, savoir : l'ancienne aristocratie et celle que Bonaparte a constituée. Ce sont ces deux aristocraties qui forment les deux partis qui existent dans la chambre des pairs ; ce sont elles qui siégent l'une au côté droit, l'autre au côté gauche de la chambre des députés (1). Les membres de ces deux aristocraties obstruent toutes les avenues du trône ; les avocats de ces deux aristocraties, savoir : d'une part le *Conservateur* et le journal des *débats*, de l'autre la *Minerve* et le *Constitutionnel*, se partagent l'attention publique ; ils ne parlent ni les uns ni les autres des intérêts des com-

---

(1) Je ne prétends pas dire que tous les membres du côté gauche de la Chambre soient des bonapartistes, mon intention est seulement d'émettre l'opinion que le côté gauche est soumis à l'esprit et aux intérêts de l'aristocratie créée par Bonaparte.

munes ; ils rendent compte de tous les événe-
ments, de toutes les productions littéraires,
mais ils gardent un silence obstiné sur les
efforts que je fais pour planter le drapeau
communal. Ils classent au nombre des utopies
le projet de faire administrer les affaires de
la nation par les artistes, par les savants et par
les industriels ; ils conservent avec soin les
uns et les autres le préjugé que la nation travaillante doit être dirigée, et, qui pis est,
gouvernée par la nation fainéante et inca-
pable.

En un mot, Messieurs, je n'avais aucun
moyen de me faire écouter ni de la nation ni
de la famille royale, quand M. le procureur
du Roi m'a rendu le service de m'intenter ce
procès, quand il a eu la bonté de me donner
une tribune : cette tribune est à la vérité peu
commode ; mais qu'importe, le point essentiel
était d'être écouté.

Je vais profiter, Messieurs, de la circonstance qui me procure l'attention publique,
pour vous présenter, en aperçu, quelques
considérations politiques qui me paraissent
mériter l'examen attentif de la nation travaillante, ainsi que de la famille royale. Ce sera
l'objet de la lettre suivante.

(HISTOIRE DE MA VIE POLITIQUE.)

JE suis parti de France pour l'Amérique à dix-huit ans ; j'ai combattu pendant cinq ans pour la liberté des Américains, et je suis revenu dans ma patrie dès l'instant que leur indépendance a été reconnue par l'Angleterre.

Peu de temps après mon retour en France, il se manifesta un mouvement politique en Hollande, et le résultat de cette révolution fut l'expulsion du Stathouder. Je m'étais rendu dans ce pays, où je suis resté pendant tout le temps que cette révolution a duré. Je m'étais donné pour tâche dans la vie, d'éclaircir la question de l'organisation sociale, et je sentais que pour me mettre en état d'atteindre ce but, je devais beaucoup observer.

J'ai voyagé ensuite pendant plusieurs années en Angleterre, en Espagne, en Allemagne, et dans plusieurs autres parties de l'Europe.

Je suis revenu en France en 1789, et depuis cette époque je n'en suis point sorti. Pendant tout le cours de la révolution française, j'ai joué constamment et uniquement le rôle de spectateur et d'observateur ; car je n'ai occupé aucune place politique sous aucun des gouvernements qui se sont successivement établis.

Sous le régime de Robespierre, j'ai supporté ma part des persécutions que tous les honnêtes gens ont éprouvées ; j'ai été mis en prison, et j'y suis resté pendant onze mois au secret.

Sous le gouvernement de Bonaparte, je me suis exposé en manifestant hautement mon mécontentement du despotisme exercé sur la nation par ce général.

Au retour du roi, j'ai commencé à produire mon opinion sur l'organisation sociale. J'ai publié un ouvrage ayant pour titre *l'Industrie*. J'ai exposé dans cet ouvrage que les industriels, que les artistes et les savants devaient être considérés comme les véritables chefs de la nation, qu'ils devaient par conséquent être exclusivement chargés de l'administration générale de ses affaires.

La publication de ce nouveau principe d'organisation sociale, a fait une grande sensation dans le public, et cependant l'ouvrage n'a pas obtenu un succès suffisant pour qu'il m'ait été possible de le soutenir.

Après avoir cessé cette première tentative, je me suis mis à repenser le principe que j'avais produit, et j'ai reconnu que la cause du non-succès dans mon entreprise, avait été la faute suivante, que j'avais commise dans l'exposition de mes idées.

Je m'étais adressé d'abord aux industriels, je les avais engagés à se mettre à la tête des travaux nécessaires pour établir l'organisation sociale que réclame l'état présent des lumières ; je les avais stimulés à être les instigateurs et les directeurs de cette grande révolution philosophique.

De nouvelles méditations m'ont prouvé que l'ordre dans lequel les choses devaient marcher, était les artistes en tête, ensuite les savants, et les industriels seulement après ces deux premières classes.

C'est dans cet ordre que je présente mes idées dans *l'Organisateur*, et j'ai déjà la satisfaction de voir plusieurs de nos artistes les plus distingués, ainsi que de nos savants les plus estimés, approuver mon travail, et s'être déclarés partisans de mon système.

IVᵉ. LETTRE.

Messieurs,

Nous n'aurons jamais une idée nette de notre véritable situation politique actuelle, tant que nous nous bornerons à la considérer en elle-même, sans l'étudier relativement à ce qui l'a préparée et engendrée. Il est même indispensable de remonter dans l'observation du passé jusqu'à une époque très reculée, puisqu'il faut évidemment prendre pour point de départ l'époque où le système politique, que le progrès des lumières tend aujourd'hui à faire disparaître, s'est définitivement organisé, et où le système, qui tend à se constituer aujourd'hui, a pris naissance.

J'ai entrepris cette tâche dans la deuxième livraison de l'*Organisateur*. Je n'essaierai point de vous présenter ici, en peu de mots, le résumé d'un travail qui n'est lui-même qu'une suite de résumés d'un très grand nombre de faits historiques : cela serait absolument impossible. Je vais m'attacher seulement à vous indiquer quelques observations générales sur les rapports qui ont existé jusqu'à présent entre la royauté et les communes, et je les appliquerai à notre situation présente.

Hugues-Capet, fondateur de la dynastie des Bourbons, est monté sur le trône à-peu-près au moment où le pouvoir temporel a achevé de se constituer, par l'établissement d'une hiérarchie militaire régulièrement organisée. C'est presque à la même époque que les communes ont commencé à se former en France. Ainsi, la dynastie actuelle et les communes françaises doivent se regarder comme ayant pris naissance en même temps.

C'est aussi depuis Hugues-Capet que la lutte entre les deux éléments du pouvoir temporel, c'est-à-dire, le pouvoir royal et le pouvoir féodal, s'est fortement prononcée. La royauté, pour se soustraire à l'action des grands barons qui voulaient la tenir en tutelle, et réduire le Roi à n'être qu'un *primus inter pares*, imagina de se liguer avec les communes aussitôt qu'elles furent affranchies, pour renverser la féodalité, leur ennemie commune. C'est à cette sage combinaison, inviolablement suivie par nos rois jusqu'à Louis XIV, que l'autorité royale a dù toutes ses conquétes sur le pouvoir féodal. C'est par la formidable assistance des communes que la royauté est graduellement parvenue à subalterniser absolument la féodalité, et qu'enfin sous Louis XIV elle a réduit les nobles à borner toute leur ambition au rôle de courtisan.

Pendant cette longue période, les rapports entre la royauté et les communes ont été, de part et d'autre, ce qu'ils devaient être : il y a eu toujours réciprocité. En reconnaissance de l'appui prêté par les communes, la royauté les a protégées à son tour dans le développement de leur existence politique. En retour de l'accroissement d'autorité que les communes lui ont procuré, le pouvoir royal a diminué peu à peu l'arbitraire que la féodalité faisait peser sur elles.

Une alliance ainsi fondée sur la communauté d'intérêts et cimentée par la réciprocité dans le partage des conquêtes faites de concert sur la féodalité, a dù être solide et durable. Elle le fut jusqu'à Louis XIV. Mais sous le règne de ce prince, malheureusement très ambitieux et très peu éclairé tout-à-la-fois, il s'est opéré un changement dans le rapport de la royauté avec les communes, change- ment qu'il est très essentiel d'observer avec soin, parce qu'il a été le véritable principe de toutes les fautes que la royauté a commises depuis, et de tous les malheurs qui lui sont arrivés, ainsi qu'aux communes.

Louis XIV, après avoir terminé la lutte commencée par ses prédécesseurs, ligués avec les communes contre la féodalité, voulut re- garder cette lutte comme ayant été entreprise uniquement au profit de la royauté. Croyant ne plus avoir besoin des communes, il cessa de les traiter en alliées. Au lieu de se regarder comme le chef de la nation travaillante, il aima mieux devenir le protecteur de cette même féodalité, que ses ancêtres avaient vaincue et avilie, et que lui-même avait achevé d'anéantir et de dégrader.

Par cette faute capitale, Louis XIV lia les intérêts de la royauté à ceux d'une aristocratie caduque, et les sépara de ceux des communes, son appui le plus solide. Tous les rapports primitifs furent alors renversés par la royauté, et à son grand détriment futur. Elle voulut changer ses anciens ennemis en serviteurs, et cette tentative n'eut, au contraire, d'autre résultat pour elle, que de changer ses anciens amis en indifférents, et même en ennemis.

Ici commence la grande série des fautes politiques commises par les Bourbons, c'est à cette époque qu'ils sont entrés dans la fausse route, route qu'ils ont opiniâtrement suivie jusqu'à ce jour malgré tous les accidents qu'ils y ont déjà éprouvés, route qui les conduira inévitablement à leur perte finale, s'ils ne se hâtent pas de l'abandonner entièrement.

Louis XIV voulut redonner de l'éclat et de l'importance à la noblesse; il voulut en même-temps que l'éclat et l'importance qu'il rendrait aux nobles servissent à rendre la royauté plus brillante. Pour atteindre ce double but, il créa une multitude de fonctions de cour; il donna ces places aux nobles, et il attacha de gros appointements à toutes ces places; il créa en un mot la nation des courtisans, et il écrasa les communes d'impôts pour donner aux nobles des revenus qui compensassent les droits féodaux, dont ils avaient été dépouillés dans la lutte qu'ils avaient soutenue pendant plusieurs siècles contre la royauté unie aux communes.

Tant par suite de ce système de récréation et de réorganisation de la noblesse, qu'en résultat des guerres entreprises par Louis XIV, la royauté commença à s'endetter.

La dette de l'État (sous l'administration purement royale) s'accrut graduellement sous le régent, sous Louis XV et sous les premières années du règne de Louis XVI.

Enfin en 1788 il se trouva un déficit annuel de 56 millions; Louis XVI ne trouva aucun moyen de combler ce déficit, aucun moyen de suffir aux dépenses publiques.

Dans cette grave circonstance, le Roi sentit que les communes pouvaient seules venir à son secours; il s'aperçut que depuis Louis XIV les nobles n'avaient été qu'une charge pour la royauté; en conséquence il convoqua les États-Généraux; et pour accroître l'importance des communes et diminuer celle des nobles, il accorda une représentation double au tiers-état.

Par cet acte mémorable la royauté fit un pas manifeste pour revenir à ses anciennes et sages habitudes, c'est-à-dire, pour renouer son alliance avec les communes; la faute politique capitale que Louis XIV avait commise allait être réparée. Malheureusement pour la

royauté, et par suite pour les communes,
Louis XVI manqua de ténacité; il avait mis
un pied dans la bonne route, il le reporta
presque immédiatement dans la mauvaise, et
il se remit à suivre la fausse direction qu'il
avait tenté d'abandonner.

Les députés des communes, dès qu'ils furent assemblés, s'empressèrent de déclarer
(avec une parfaite sincérité) que leur intention était de venir au secours de la royauté
dans les embarras pécuniaires qu'elle éprou-
vait; mais ils laissèrent apercevoir qu'en dédommagement de ce service, ils desiraient détruire la nouvelle existence que Louis XIV
avait donnée aux nobles, qu'ils desiraient débarrasser l'administration de l'énorme quantité de places inutiles dont elle était surchar-
gée, qu'ils desiraient en un mot débarrasser la
nation travaillante de la nation fainéante et
dominatrice.

La royauté dont les intérêts n'étaient nul-
lement en jeu dans la lutte qui s'engagea entre
les députés des communes et ceux de la noblesse, prit fait et cause pour l'aristocratie, et
elle perdit ainsi tous les avantages de l'effort
qu'elle venait de faire dans la direction com-
munale. Dès-lors la querelle changea de na-

ture, la royauté qui s'était crue attaquée et qui ne l'avait point été, le fut réellement, et elle fut entraînée dans la chute de cette aristocratie dont elle s'était faite si imprudemment la protectrice.

Messieurs, les Bourbons qui sont sortis de France pour se mettre à l'abri des dangers auxquels la protection accordée par Louis XVI à la noblesse les avait exposés, sont heureusement remontés sur le trône par l'effet d'une circonstance qui vous est parfaitement connue et que je vais vous rappeler.

La guerre terrible que les communes françaises eurent à soutenir contre la féodalité européenne pendant l'absence des Bourbons, nécessita une longue prépondérance de l'action militaire sur les travaux pacifiques; des habitudes guerrières furent contractées par les membres les plus actifs des communes, et le résultat naturel et inévitable de ces habitudes, fut l'établissement d'une nouvelle aristocratie créée par Bonaparte sur le même plan que l'ancienne.

C'est l'affreux despotisme exercé sur les communes par Bonaparte et par l'aristocratie qu'il avait créée; ce sont les désastres de toute

espèce causés par son ambition qui ont déterminé les communes à l'abandonner, et qui
ont donné les moyens à l'ancienne royauté de
se reconstituer (1).

A leur retour, les Bourbons auraient dû
profiter de la triste expérience acquise par
eux depuis Louis XIV, pour changer la fausse
direction prise par ce prince. Reprenant les
errements primitifs, dont la bonté était devenue
moins équivoque que jamais pour eux, ils
auraient dû s'unir aux communes pour détruire l'ancienne et la nouvelle aristocratie,
qui sont, par leur nature, ennemies irréconci-
liables, d'une part des communes, et de
l'autre de la royauté.

Au lieu de suivre cette conduite, la royauté
non - seulement a continué à se regarder
comme la protectrice née de l'ancienne noblesse, mais elle crut également devoir ac-
cepter la noblesse de Bonaparte. Elle a ac-
cordé à ces deux noblesses des droits égaux,
elle les a traitées l'une et l'autre comme ses
alliées, comme les soutiens naturels du trône.

____

(1) Malgré toutes les défaites que Bonaparte avait es-
suyées, les étrangers ne seraient pas parvenus à entrer en
France, si les communes avaient voulu le soutenir.

En un mot la royauté a commis depuis sa réhabilitation, et elle commet encore aujourd'hui une faute capitale, celle de considérer comme des appuis les deux noblesses qui sont pour elle de véritables charges et des charges très pesantes. C'est pour soutenir ces deux insatiables aristocraties que le Roi est obligé d'augmenter tous les ans les dépenses de l'État, ce qui indispose contre lui les communes, qui sont ses véritables et ses seuls appuis réels.

Cette conduite de la royauté est vraiment déplorable à une époque où il lui serait si facile de se reconstituer avec plus de solidité qu'elle n'en a jamais eu ; car si le roi voulait abandonner les deux noblesses, il pourrait dès demain diminuer le budget des dépenses de plus de 3oo,ooo,ooo qu'il en coûte à l'Etat pour soutenir le système politique ayant pour base l'aristocratie nobiliaire. Il pourrait par conséquent affermir le sceptre dans les mains des Bourbons, car dès le moment que cette dynastie se sera placée sous la protection des communes, elle n'aura plus rien à craindre des ennemis qu'elle peut avoir au dedans ou au dehors.

Tel est au fond, Messieurs, le véritable

état présent des choses et la position actuelle de la royauté. En partant de ces observations, je vais vous dire avec toute franchise ce que je pense de l'avenir qui nous attend, selon toutes les probabilités, si on ne se hâte point de prendre des mesures pour le changer.

Je vois d'abord, et peut-être très prochainement, une première révolution analogue à celle du 20 mars, mais plus durable.

La nouvelle aristocratie ne croira son existence assurée que lorsqu'elle aura mis sur le trône un roi sorti de son sein. Ainsi, elle tend de toutes ses forces au renversement de la dynastie des Bourbons. La royauté n'a aucun moyen, si elle ne prend point de nouvelles mesures, de lutter avec succès contre cette action.

L'ancienne noblesse, malgré sa jactance et ses protestations de dévouement, n'est aucunement de force à joûter avec la noblesse de Bonaparte.

Quant aux communes qui pourraient donner à la royauté un secours efficace, et qui lui assureraient la victoire si elles le voulaient fermement, il n'est que trop certain, par les causes que j'ai indiquées, qu'elles sont peu disposées à prendre parti pour elle.

Sans doute qu'à ne consulter que leurs intérêts, les communes devraient redouter beaucoup plus la nouvelle noblesse que l'ancienne, parce qu'elle est beaucoup plus vigoureuse; mais de fait, telle n'est point la disposition actuelle de la masse des communes. La noblesse de Bonaparte exerce sur elles une séduction très fâcheuse, mais incontestable et très puissante.

Il est donc probable que les communes resteront spectatrices de l'attaque que la noblesse de Bonaparte prépare contre la dynastie des Bourbons et contre l'ancienne noblesse, et qu'elles montreront même plus de penchant pour la nouvelle aristocratie que pour l'ancienne royauté.

Après cette première révolution, il s'en préparera une seconde.

Quand le pouvoir sera passé entre les mains de la noblesse de Bonaparte, les communes apprendront, à leurs dépens, à se désabuser sur son compte; et une nouvelle expérience du régime du sabre leur fera apprécier avec exactitude ce que c'est que le libéralisme militaire, et par suite de ce mécontentement, les

communes s'insurgeront pour culbuter la nouvelle aristocratie.

Voilà, Messieurs , le tableau général que
je me fais de l'avenir. J'ose vous l'exposer tout
entier, parce que nous sommes dans des cir-
constances où aucun bon citoyen ne doit rien
voiler de sa pensée politique. La flatterie et la
dissimulation perdraient ceux que nous vou-
lons sauver. Il est temps encore de prévenir
les malheurs affreux qui se préparent pour
la royauté et pour les communes. Le moyen ,
c'est que la royauté se rapproche des communes, et les communes de la royauté. Sépa-
rées , l'une et l'autre seront la dupe et la vic-
time des ambitieux et des intrigants ; réunies,
les deux noblesses seront impuissantes contre
elle.

Ainsi, la royauté doit rompre entièrement
avec les deux aristocraties dont elle fait si
aveuglément ses alliées. Elle doit se liguer
avec les communes pour anéantir radicale-
ment l'influence politique des castes. En un
mot, elle doit se placer à la tête du mouvement
de la civilisation. D'un autre côté les communes
doivent revenir de l'erreur où la noblesse de Bonaparte les a jetées sur le compte de la maison

de Bourbon; elles doivent vouloir fermement, et avec la conviction profonde de leur intérêt, le maintien de la dynastie actuelle, pour tout le temps que la royauté devra subsister en France.

Il y a donc un pas à faire de chaque côté. Mais c'est évidemment le pouvoir royal qui doit donner l'impulsion; il en a tous les moyens, tandis qu'au contraire les communes ne sont encore ni organisées, ni seulement représentées, comme parti politique; c'est-à-dire, c'est à la royauté à déterminer la formation du parti communal.

Tel est, d'après mon intime persuasion, le seul moyen vraiment efficace de prévenir les maux que je vois prêts à fondre sur les Bourbons et sur les communes françaises. Ce moyen est susceptible d'être mis immédiatement à exécution par un simple appel du pouvoir royal aux communes. Si on le néglige, il faudra essuyer deux révolutions violentes, et après cette terrible oscillation, la seule manière de rétablir l'ordre et la stabilité sera encore d'adopter cette même mesure.

Voilà, Messieurs, l'état des choses, et la

perspective que nous avons, sans aucune exagération, et c'est dans une pareille situation que le ministère veut interdire l'examen des questions politiques? qu'il veut empêcher la vérité de parvenir au roi et aux communes?

Vous connaissez maintenant, Messieurs les Jurés, non seulement l'ensemble de mon système, mais le mode d'exécution. Vous connaissez mon opinion sur l'état actuel de la France. J'ai exprimé toute ma pensée avec la franchise et la fermeté qui conviennent à un homme libre, à une conscience pure.

Faut-il voir, dans l'Auteur de ces lettres et de *l'Organisateur*, un ennemi de son pays, un ennemi des Bourbons? Telle est la question sur laquelle vous aurez à prononcer, et rien ne peut égaler la respectueuse confiance

De votre très humble serviteur,

St.-SIMON.

LEGOUIX, *Avocat.*

De l'Imprimerie d'Anth^e. BOUCHER, Successeur de L. G. Michaud, rue des Bons-Enfants, N°. 34.